大展好書　好書大展
品嘗好書　冠群可期

大展好書　好書大展
品嘗好書　冠群可期

輕鬆學武術 4

三十二式太極劍

（附 VCD）

秦子來　編著

大展出版社有限公司

天人合一　与时俱进

为晨练丛书题

蔡龙雲

作 者 簡 介

　　秦子來，女，1964 年 2 月生。1978 年考入武漢體育學院運動系武術專業，1984 年畢業於武漢體育學院。中國武術國家級裁判員，武術七段。現任武漢大學體育部副教授，武漢大學武術代表隊主教練，武漢市武術協會副主席，湖北省高校武術協會副秘書長，武漢市木蘭拳專業委員會主任。

　　2001 年出訪芬蘭瓦薩理工大學進行太極拳講學活動。運動員期間多次參加全國武術比賽，擅長太極拳及太極劍術，並取得了優異成績。任武漢大學代表隊教練以來，多次帶隊參加國際、全國、湖北省、武漢市武術比賽，並獲得優異成績，多次參加全國重大武術比賽的裁判工作。

　　曾出版《奧運縱橫——奧運文化發展軌跡》、《二十八式木蘭拳》、《三十八式木蘭扇》、《四十八式木蘭劍》、《武術基礎理論》、《大學體育與健康》等多部著作；發表了《運動人體科學虛擬實驗系統的研製》、《中國武術的民族傳統文化內涵》、《初級長拳（第三路）難點動作教學探析》、《論體育保健教學對學生心理素質和道德修養的影響》、《湖北省武術館校學生與同齡普通中學生目標定向的比較研究》、《論普通高校體育教學管理的思路與對策》、《武術運動對學齡前兒童素質教育的影響》等20多篇論文。

前　言

　　聞雞起舞是中國人晨練的寫照，直到今天，迎著初升的朝陽，沐浴著陣陣晨風翩翩起舞仍是中國人最常見的鍛鍊身體的方法。在晨練的人群中，習武者頗多，其中練太極拳和木蘭拳的人就不少，在許多地方早已是蔚然成風。

　　武術是中國傳統文化的一部分。傳統文化既有民族性又有時代性。葉朗先生說：「傳統是一個發展的範疇，它具有由過去出發，穿過現在並指向未來的變動性……傳統並不是凝定在民族歷史之初的那些東西，傳統是一個正在發展的可塑的東西，它就在我們面前，就在作為過去延續的現在。」武術正是這樣不停地發展變化著。如二十四式簡化太極拳就是為了滿足人們練習的需要，在原來太極拳的基礎上刪繁就簡創編的，一經出現就受到了廣大練習者的歡迎，至今流傳已近半個世紀，早已成了較為「年輕的傳統武術套路」了。後來的四十二式太極拳更是由各式太極拳相互融合而成，開始僅作為運動員的比賽套路，現在也成了人們晨練的內容之一。而木蘭拳是以傳統的武術為母本生長出來的新枝，開出的新花，為人們所接受，已是各地晨練不可或缺的內容。作為中國傳統文化的武術就是這樣不斷地發展者，表出出了強大的生命力，即使它的某些新的東西一時為一些人所不理

解、不接受，但它依然發展著。

　　爲滿足廣大練習者的需要，湖北科學技術出版社決定按照國家規定套路以太極拳和木蘭拳爲內容出一套「輕鬆學武術」叢書。介紹太極拳和木蘭拳的書籍已經很多，如何創新呢？後來考慮一般武術書中的「圖中人」都是面向讀者。由於動作的方向經常變化，練習者的動作方向時而和「圖中人」動作方向相同，時而又和「圖中人」的動作方向相反。對於還不十分熟悉武術動作的初學者來說，往往感到看圖學動作較爲困難，這實際上也是編寫武術圖解長期未能解決的一個難點。我們受到在教學實踐中教師常根據學生練習時身體方向的不同，不斷地變換領做位置的教法的啓發，想到用正反兩套圖來編寫這套書，也算是一個大膽的嘗試，即是本書特色所在，希望能爲廣大讀者所接受和習慣。

　　我國著名武術家蔡龍雲先生爲這套叢書寫了「天人合一，與時俱進」的題詞，一方面點明了人們在晨練時人與大自然融爲一體的情景和對中國傳統哲學「天人合一」觀念的追求，同時也反映了武術要常練常新，不斷發展的思想。在此謹向蔡先生表示深切的謝意。湖北科學技術出版社蔡榮春編審從選題到編寫方法，直到審定，付出了大量的心血，在此一併致謝。

　　本書由秦子來、王飛、曾天雪執筆，動作示範秦子來、劉沛、吳雪琴、柯易。

　　　　　　　溫　力　於妙齋

簡　介

　　三十二式太極劍是國家體育委員會運動司於 1957 年創編的一個太極劍教學內容。它取材於楊氏太極劍，從中擇取了有代表性的三十二個動作，分做四組，重新編排，每組八個動作，往返兩個來回。三十二式太極劍既保持了傳統太極劍的風貌，又刪繁就簡，突破固有程序。

　　太極劍內容簡練，易學易記，路線清楚，劍法準確，動作規範，既可以集體練習，也可以單人練習，配有優美的民族樂曲，深受廣大愛好者的喜愛。

　　三十二式太極劍內容包括十三種劍法、七種步型、十餘種步法和身法的轉換。

　　十三種劍法是：點劍、刺劍、掃劍、帶劍、劈劍、抽劍、撩劍、攔劍、掛劍、截劍、托劍、擊劍、抹劍；七種步型是：弓步、虛步、仆步、獨立步、併步、丁步、側步；步法有：進步、退步、上步、撤步、跟步、跳步、插步、併步、擺步、扣步、碾腳等；身法有：轉、旋、縮、反等身法轉換。

　　在練習中，要求劍法舒緩、清晰、圓活自然、連貫、身劍協調、瀟灑飄逸、虛實分明。

特　點

　　太極劍是屬於太極拳門派中的劍術，兼有太極拳和劍術二者的風格特點，隨著名流派太極拳的發展，派生出各式太極劍術的套路，如陳氏、楊氏、吳氏、孫氏等風格的太極劍。

　　目前開展得較好、推廣較快的太極劍是在楊氏太極劍的基礎上創編的三十二式太極劍套路。太極劍歷史悠久、流傳甚廣，有廣泛的群眾基礎，以它特有魅力和風采，深得廣大太極劍愛好者喜愛。

　　三十二式太極劍具有以下幾個特點。

1. 心靜體鬆

　　在練習太極劍的過程中，要求心靜體鬆、神態自然、精神集中，思想上排除一切雜念，使精神貫注到每個細節上，做到姿勢正確、周身協調、動作舒展、轉換圓活。

2. 連貫圓活

　　太極劍動作連綿柔緩、節奏平穩、動作優美飄逸，在練習太極劍的過程中要以腰爲樞紐，動作與動作之間的銜接，要勢勢相連，節節貫串，如行雲流水，綿綿不斷，上下相隨。

3. 呼吸自然

練習太極劍要求呼吸深長細勻、通順自然，強調「以點運氣、以氣運身」，只要呼吸配合得當，劍法的運使就會更加協調、圓活、輕靈、沉穩。

4. 劍法清晰

太極劍動作要求劍法清楚、力點準確、動作規範，在練習太極劍的過程中靠五指的靈活運用、活握劍把，使各種劍法的變招換勢顯現出攻防含義。

5. 身械協調

太極劍要求步法的進退輕靈沉穩，身法的轉換吞吐要靈活多變，臂腕的運使要鬆活。在練習太極劍過程中要動作開闊舒展，姿勢要優美、大方、瀟灑、飄逸、虛實分明，劍勢要多變，這樣才能達到「身劍合一」融成一個協調的整體。

1.本書是以「蝴蝶頁」的形式編排的，即左邊雙數頁碼和右邊單數頁碼成為一個整體，翻開任何一頁，均應將左右相鄰兩頁的內容連在一起看。

2.每一頁都有上下兩組圖，上面圖像較大的一組為主圖，下面圖像較小的一組為副圖。兩組圖的圖中示範者的動作完全相同，唯方向相反。主圖的示範者為背向練習者起勢；副圖的示範者則是面向練習者起勢。

3.因主副圖中示範者起勢的方向相反，運動的前進方向也相反；同時由於在演練的過程中動作行進的方向經常變化，主副圖中示範者的動作前進方向也都隨之變化，所以在主副圖下方向分別標注的動作前進方向箭頭，讀者在看圖時首先要看清動作前進方向，且要注意將「蝴蝶頁」相鄰兩面要連起來看。

4.我們將主圖中的示範者定為背向讀者起勢，在一般情況下，示範者的動作前進方向和練習者一致，所以以看主圖為主。當主圖中局部動作因圖中示範者的身體遮擋而看不見或看不清時，可以參看副圖。當練習時身體動作轉體180°時，練習者再看主圖中的示範者的動作很不方便，此時副圖示範者正好背對練習者，副圖中示範者的動作前進方向和練習者一致，在這種情況下以看副圖為主，參看主圖。注意，從副圖

上看動作的前進方向與主圖的前進方向相反，這是因為身體動作轉體180°所致，對於練習者來說，動作前進方向是沒有改變的。當身體動作又轉體180°回到原來的方向時，則仍以看主圖爲主。在不同的情況下分別看主圖和副圖，就好像是在練習者身體前後各有一個示範者，在開始時隨身前的示範者的動作進行練習，當動作轉體180°時就隨原來的身後的示範者的動作進行練習，這正是本叢書與其他武術圖解書最大的不同之處，爲讀者提供了一個來自於教學實踐的新的看圖學動作的方法，讀者只需稍加熟悉就會習慣。

5.圖中示範者身體各部位的動作由相應部位爲起點的箭頭指示，箭頭所示爲由該姿勢到下一姿勢的動作路線，左手和左腳的動作用虛線箭頭表示；右手右腳的動作用實踐頭表示。有些圖中有簡單的文字提示細微動作的做法和動作要領，學習時以看圖爲主，參看文字說明。

6.對照本叢書來觀摩其他練習者的演練也十分方便。當被觀摩者背對觀摩者起勢時，只需看主圖；當被觀摩者面對觀摩者起勢時，只需看副圖，這樣被觀摩者的前進方向及動作都和圖中人的前進方向和動作完全一致，不會因動作方向的改變而造成看圖的不便。

7.每頁圖上的「|||||▶」爲動作前進方向，也是看圖的順序，注意不是每一頁都是從左到右看，有的是從右到左看的。另外，上、下兩排主、副圖的方向正好相反，注意動作編號相同的才爲同一動作。

目 錄

（5）

（4）

收腳丁步

重心穩定在右腿之後，再收屈左腿，左腳尖不點地。眼看右劍指。

轉體擺臂

左手持劍經面前屈肘，落於右肩前，手心向下

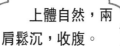

上體自然，兩肩鬆沉，收腹。

（1）

（2）

（3）

【一、起 勢】 【預備勢】

三環套月

（3）　　　　　　　（2）　　　　　　　（1）

兩臂前舉　　　**左腳開立**

　劍身貼住左前臂下側，劍首指向正前方，眼平視前方。

　兩腳平行與肩同寬，眼視前方。

　頭頸正直，下頜微內收，精神集中。

（4）

（5）

（9）

坐盤展臂
　　左手持劍穿出後左前臂稍內旋，使劍貼於臂後，眼看右劍指。

（8）

上步穿劍
　　右劍指翻轉，手心向上。

　　轉體、上步、弓腿和兩臂動作要柔和協調，同時完成。

（6）　　　　　　（7）

（7）

弓步前指

　　兩腳橫向距離約在 30 公分左右，眼看前指。

（6）◀▥▥

上步屈肘

　　左腳向左側前方邁出。

▥▥▶（8）

（9）

第1組【一、併步點劍】

蜻蜓點水

（13）

收腳併步點劍

　　右腳，向左腳靠攏成併步，身體半蹲，眼看劍尖。

（12）

接劍前移

　　重心前移右腳跟抬起，左手變成劍指附於右手腕部。

> 點劍由上向下點啄，腕部屈提，力注劍尖。

（10）　　　　　（11）

（11）

弓步接劍

　　右手劍指向前伸出，落於劍把上準備接劍，眼看前方。

（10）

上步屈肘

右臂屈肘

（12）　　　　　　　（13）

（17）

收腳挑劍

身體向右後轉，左腳收至右腳內側腳尖點地，右腕翻轉下沉，劍尖上挑要連貫自然。

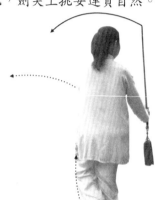

（16）

右轉體抽劍

右手掛劍繼續反抽撩到右後方。

劍尖上挑
要連貫自然，
上體正直。

（14）

（15）

【二、獨立反刺】

大魁星勢

（15）

右腳後移
　　右腿屈膝，
重心後移。

（14）

撤步抽劍
　　右腳向右後方
撤步。

（16）

（17）

【三、仆步橫掃】
燕子撲水

（20）

仆步橫掃

身體左轉，左劍指經體前順左肋間反插，右手持劍，手心向上。

（19）

撤步劈劍

左腿向左後撤步時，身體重心落在右大腿上。

（18）

（18）

提膝反刺

　　左腳提膝成獨立步，反刺時要反手立劍，經頭部前上方由後向前直刺，左手劍指經頷下轉體向前指出高於眼平，眼看劍指。

（19）　　　　　　　　　（20）

（24）

弓步右帶

　　重心前移，右腳踏實成右弓步。右手持劍，手心翻轉向下向右後方斜帶，帶劍是平劍由前向斜後方，柔緩平穩地畫弧回帶，力在劍刃。

（23）

上步送劍

　　右腳向右前方邁出一步，腳跟著地。

帶劍和弓步要上下相隨，不要脫節。

（21）

（22）

【四、向右平帶】

右攔掃
（22）

（21）

收腳收劍

右腳提起收至左腳內側，
同時右手持劍向內收，左劍指
落於右腕部，眼看劍尖。

弓步橫掃

掃劍是平劍向
左掃，力在劍刃。

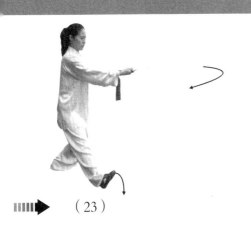

（23）

（24）

【六、獨立掄劈】

探海勢

（28）

轉體掄劍

右腳收至左腳內側，腳尖落地，身體左轉，掄劍時手心斜向外。

（27）

弓步左帶

重心前移，成左弓步，左手畫弧至額頭左上方，眼看劍尖。

（26）

【五、向左平帶】
左攔掃

（25）

收腳收劍

右手持劍屈臂後收，同時左腳提起收至右腳內側（腳尖不點地），眼看劍尖。

（26）

上步送劍

左腳向左前方上步，腳跟著地，右手持劍向前伸展，左劍指翻轉收至腰間，眼看劍尖。

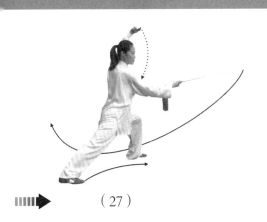

（27）

（28）

【七、退步回抽】

懷中抱月

（ 32 ）

（ 31 ）

重心後移

　　成右虛步，右手持劍抽
回，劍把收於左肋旁，手心
向內，劍尖斜向上，左劍指
落於劍把上，眼看劍頭。

退步提劍

　　左腳向後落下，
右手持劍外旋上提。

（ 29 ）

（ 30 ）

（30）

獨立劈劍

重心前移，右腳踏實，右手持劍隨身體右轉，向前下方立劍劈下，力在劍刃，左手劍指向後向上畫弧至上方，眼看下方。

（29）

上步舉劍

右腳向前上步，腳跟落地，右手持劍內旋上舉於頭上方，左手收至腰間。

平帶時，劍應邊翻轉邊斜帶，動作柔和，劍的回帶和弓步要一致，協調完整。

（31）

（32）

第二組【九、虛步下截】

烏龍擺尾

（35）

左腳後撤

左腳向左後方落步

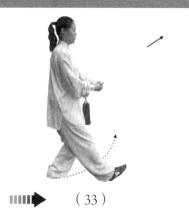

（33）

（34）

【八、獨立上刺】
宿鳥投林

（34）

提膝上刺

　　重心前移，左腿屈膝提起成右獨立步，右手持劍向前上方刺出，高於頭平，左手附於右腕部，眼看劍尖。

轉體收劍

　　身體微右轉，面向前方，右手持劍收至腹前，手心向上，左劍指附於右腕部。

上刺劍時，手與肩同高，兩臂微屈。

【十、左弓步刺】
青龍出水
(38)

退步提劍

右腳向後撤步，前腳掌落地，右手持劍向體前提起高於胸平，劍指落於右腕部，眼看劍尖。

下截時，用轉體擺臂來帶動向右下方截出，身、劍、手、腳要協調一致。

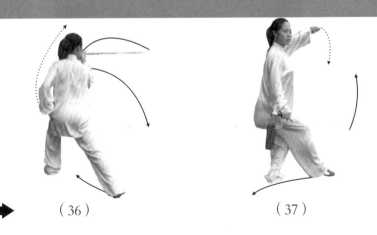

(36)　　　　　　(37)

（37）

虛步下截

　　上體右轉，右腳內收成右虛步，右手持劍旋臂翻腕經體前向右向下截按，左劍指舉於左上方，眼平視右前方。

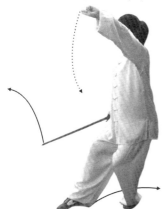

（36）

轉體擺劍

　　右手持劍隨轉體向左平擺，劍指落於左腰間，眼看劍尖。

（38）

（42）

（41）

弓步平刺

重心前移成左弓步，右手持劍向左前方刺出與胸同高，手心向上劍指向左，向上繞至左上方，手心斜向上，眼看劍尖。

上步轉體

右轉體，左腳向左前方邁步，腳跟著地，右手持劍握在腰側，左劍指順腹部畫至左腰側，眼看前方。

轉體時動作要圓活、連貫、自然。

（39）

（40）

（40）

收腳收劍

身體微左轉，左腳收至右腳內側（腳尖不點地），右手持劍向下捲收於右腰側，左劍指隨之翻轉收至腹前，兩掌心均向上，眼看左前方。

（39）

轉體撤劍

重心右移，身體右轉，右手持劍隨轉體經面前向後抽，手心翻轉向外，左手附於右腕部，眼看劍尖。

（41）

（42）

【十一、轉身斜帶】

風捲荷葉

（43）

（44）

扣腳收劍

重心後移，左腳尖內扣，右手持劍屈臂後收橫置胸前，手心向上，左劍指落在右腕部，眼看劍尖。

提腳轉體

重心移至左腿，右腳提起貼在左小腿內側，劍向左前方伸送，眼看劍尖。

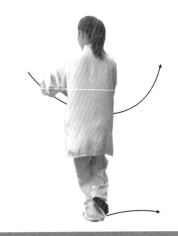

（46）

（45）

（45）

上步帶劍

身體右轉，
腳跟落地。

（46）

弓步右帶

重心前移成右弓步，右手持劍
繼續向右平帶，手心向下，劍尖略
高，劍指附於腕部，眼看劍尖。

送劍方向與弓
步方向相同。

（44）

（43）

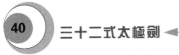

【十二、縮身斜帶】

獅子搖頭

▍▍▍▍▶ （47）

提腳收劍

　　左腳提起收至右腳內側
（腳尖不點地），同時右手持
劍微收，左劍指附於右腕部，
眼看前方。

（48）

撤步送劍

　　左腳撤步，右手持劍
向前伸送，左劍指屈腕經
左肋反插，向身後穿出，
眼看劍尖。

（49）

（49）

丁步左帶

重心移向左腿，右腳收至腳內側，腳尖點地。

收劍時上體正直，稍向右轉。

（48）　　　　（47）

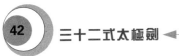
【十三、提膝捧劍】

虎抱頭

（50）

撤右步伸劍

　　右腳後退一步，成右弓步同時右手持劍向前伸送，左手附於腕部，眼看劍尖。

（52）

（51）

（51）

虛步分劍

　　重心後移，左腳微向後移，腳尖著地成左虛步，同時兩臂向兩側分開，手心向下，劍斜置於身體右側劍尖向前，眼看前方。

（52）

向前捧劍

　　重心前移，右手持劍，向體前畫擺送。

（50）

【十四、跳步平刺】

野馬跳澗

（53）

提膝捧劍

　　右膝向前提起成獨立步，右手持劍繼續向前畫弧伸送，左劍指變掌捧托在右手背下面，兩臂微屈劍身直向前方，劍尖略高，眼看前方。

捧劍時兩臂微屈，劍把與胸同高。

（54）

落腳收劍

　　右腳前落腳跟著地，兩手捧劍至腹前，眼看前方。

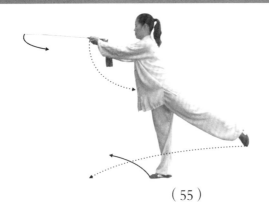

（55）

（54）

（55）

捧劍前刺

重心前移，蹬腿送髖，同時
兩手捧劍向前伸刺，眼看前方。

（53）

IIIII▶ （56）

跳步分劍

　　右腳蹬地，左腳隨即前跨一步踏實，右腳迅速向左小腿內側收攏，同時兩手撤至身體兩側，手心向下，左手變劍指，眼看前方。

（57）

上步分劍

　　右腳上步，成右弓步，同時右手持劍（手心向上）翻捲，眼看前方。

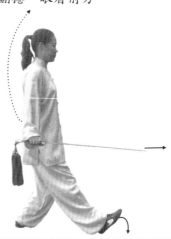

（58）

IIIII◀

（58）

弓步平刺

重心前移成右弓步，同時右手持劍向前平刺，左劍指向上畫弧，舉至額左上方，手心斜向上，眼看劍尖。

向前跳步的動作要輕靈、柔和。

（57）

（56）

【十五、左虛步撩】

小魁星勢

（59）

收腳繞劍

重心後移，上體左轉右腳收至左腳前，腳
尖點地，同時左手持劍隨轉體向上，向後畫
弧，劍把落至左腰間，劍尖斜向上，左劍指落
於右腕部，眼看左劍。

（61）

（60）

（60）

墊步繞劍

　　上體微右轉，右腳向前墊步，腳尖外撇，同時右手持劍向下繞至腹前，左劍指附於右腕部，隨右腕繞轉，眼看前方。

（61）

虛步左撩

　　上體繼續右轉，左腳隨即前進一步腳尖點地，成左虛步，右手持劍向前撩出，手心向外，眼看前方。

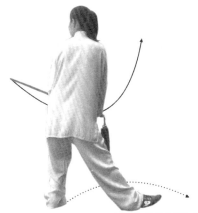

（59）

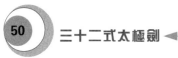

【十六、右弓步撩】

海底撈月

▮▮▮▮▶（62）　　　　　　　　　　（63）

轉體繞劍

身體右轉，右手持劍向後繞圓回繞，劍身豎立在身體右側，手心向外，左劍指落於右肩前，眼看劍尖。

墊步繞劍

身體微左轉，右腳向前一步腳尖外撇，右手持劍微向下繞，劍落於右胯旁，手心向外，劍尖朝後，左劍指落於左腹前，眼隨劍走。

（64）　　　　◀▮▮▮▮

（64）

弓步撩劍

　　身體繼續左轉，右腳成右弓步，同時右手持劍，劍由下向前，反手立劍撩出，手心向外，左劍指向上繞至額左上方，眼看前方。

撩劍的動作要在身體左旋的帶動下完成，要協調完整，連貫圓活。

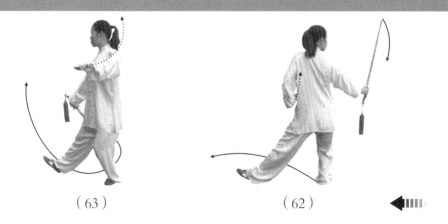

（63）　　　　　　　　（62）

（68）   （67）

虛步前指

    上體稍左轉，左腳撤半步成左虛步，同時右手抽至劍斜置於右胯後身體右側，劍尖略低，眼看劍指。

後坐抽劍

    重心移向右腿，右膝彎屈，同時右手持劍抽至右胯側，左劍指附於右腕部，隨右手後收，眼看右下方。

後坐抽劍時上體要右轉。

（65）   （66）

第三組【十七、轉身回抽】

射雁勢

（66）

（65）

弓步劈劍

身體繼續左轉，左腳尖稍撇，右腿自然蹬直成弓步，同時右手持劍向左前方劈下，眼看劍尖。

轉體收劍

身體左轉，左腿屈膝，重心左移，右腳尖內扣，同時右臂屈肘將劍收至體前，與肩同高，劍尖向右，左劍指落於右腕上，眼看劍尖。

（67）

（68）

【十九、左弓步攔】
迎風撣塵

（72）　　　　　　　　　（71）　　　　　　　　◀▥▥

上步繞劍　　　　　　**轉體繞劍**

左腳向左前上方，上　　右腳尖外撇，左腳跟外展，身體
步腳跟著地，右手持劍繼　右轉，兩腿屈蹲，右手持劍手心轉朝
續向後繞轉，左劍指翻轉　外，隨轉體向
收於腹前，眼看右後方。　前、向上、向
　　　　　　　　　　　　右繞轉，左手
　　　　　　　　　　　　變劍指附於右
　　　　　　　　　　　　腕部，眼看前
　　　　　　　　　　　　方。

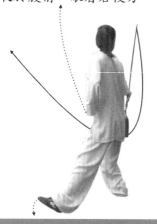
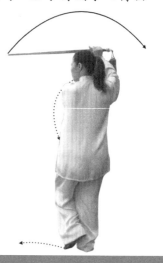

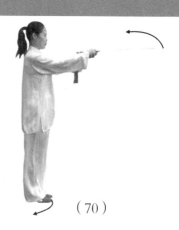

▥▥▶　（69）　　　　　　　（70）

【十八、併步平刺】

白猿獻果

（70）　　　　　　　　　　　　（69）◀▐▐▐▐

併步平刺

　　右腳向左腳併步，同時右手持劍外旋翻轉，經腰間向前平刺，左劍指收經腰間翻轉，變掌捧托在右手下，手心向上，眼看前方。

轉體移步

　　身體左轉，左腳向左移腳跟著地，同時左劍指內旋，向左畫弧，眼看前方。

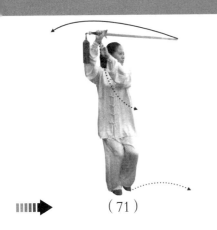

▐▐▐▐▐▶　（71）　　　　　　　　　　（72）

【二十、右弓步攔】

迎風揮塵

（74）

（75）

收劍繞劍

身體繼續左轉，右腳收至左腳內側（腳尖不點地），同時右手持劍在身體左側向上，向後向下畫立圓繞至左肋前，劍身貼近身體，左劍指落於右腕部，眼隨劍向看。

撇腳繞劍

重心略後移，左腳尖外撇，身體微左移，同時右手持劍上舉，向左後方回繞，眼看右手。

（73）

弓步攔劍

　　身體左轉，重心前移，成左弓步，同時右手持劍由右後方向下向前上方攔架，力在劍刃，劍與頭平，劍尖略低，右臂外旋，手心斜向內，左劍指向，左上繞舉於額左上方，眼看劍尖。

　　繞劍時以劍把領先轉腰揮臂，劍貼近身體走成立圓。

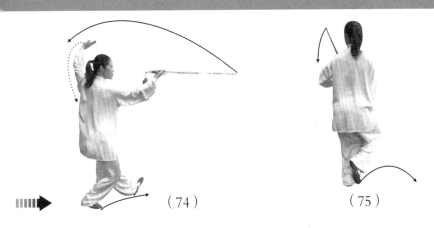

（74）　　　　　　　　　（75）

【二十一、左弓步攔】
迎風撣塵

（79）

（78）

收腳繞劍

　　身體繼續右轉，左腳收至右腳內側（腳尖不點地），右手持劍在身體右側向上、向後、向下畫立圓至右胯旁，劍身斜立在身體右側，左劍指繞至右胸前，眼隨劍走，轉右後方。

撇腳繞劍

　　重心略後移，右腳尖外撇，身體微右移，同時右劍上指，向後方回繞，左劍指附於右腕部，眼看前方。

（76）

（77）

（77）

弓步攔劍

重心前移，成右弓步，同時右手持劍向前方攔劍，手心向外，高與頭平，劍尖略低，劍斜向內，左劍指附於右腕部，眼看前方。

（76）

上步繞劍

身體右轉，右腳向右前方邁出一步，腳跟著地，右手持劍繼續向下向前，繞至腹前，左劍指附於右腕部，眼看左前方。

> 轉體要充分，身體和眼神要配合協調。

（78）

（79）

【二十二、進步反刺】

順水推舟

（82）

（81）

上步收劍

右腳向前上步，腳尖外撇，上體微右轉，同時右手向下屈腕收劍，劍把落在胸前，劍尖指落於腕部，眼看劍尖。

弓步攔劍

重心前移，成左弓步，右手持劍接上動作順勢向前方攔出，高與頭齊，劍尖略低，左劍指繼續向左上方畫弧至額頭上方、眼看前方。

攔劍是反手用劍下刃由下向前上方攔架，力在劍刃。

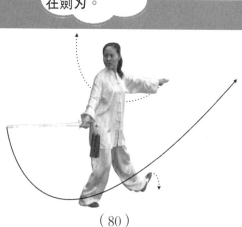

（80）

（80）

上步繞劍

　　身體微左轉，左腳向左前方邁出一步，腳跟落地，同時右手持劍向下向前畫弧，手心向外，左劍指落於腹前，眼看右下方。

（81）　　　　　　　　　　　　　（82）

（85）

上步舉劍

　　上體右轉，左腳向前上步，腳跟落地，右手持劍上舉，眼看前方。

（84）

歇步挑劍

　　右手持劍上挑，眼看劍尖。

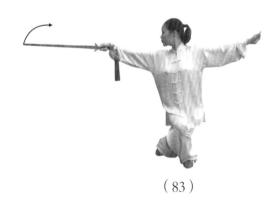

（83）

（83）

轉體後刺

　　身體繼續右轉，兩腿交叉屈膝半蹲，重心略偏於前腿，左腳跟離地，成半盤姿勢，右手持劍向後立劍平刺手心向體前，左劍指向前指出，手心向下，兩臂伸平，眼看劍尖。

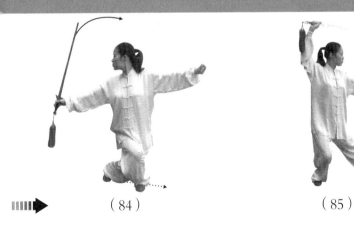

（84）　　　　　　　　　　（85）

（89）

上步舉劍

　　右腳向右前方邁步腳跟著地，同時右手持劍上舉，左劍指落於腰間，眼看左前方。

（88）

提腳舉劍

　　上體繼續右轉，重心移左腿，右腳提起收小腿內側，眼看左前方。

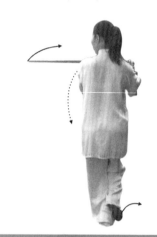

（86）

（87）

【二十三、反身回劈】

流星趕月

（87）　　　　　　　　　　　　　　　　（86）　

轉體收劍

　　右腿屈膝，身體重心移至右腿，左腳尖內扣，上體右轉，劍同時收至面前，劍指附於右腕，眼看劍尖。

弓上反刺

　　重心前移，成左弓步，同時右臂屈收，經頭側向前反手立劍刺出，手心向外，與頭同高，劍尖略低，左劍指收於右腕部，眼看劍尖。

> 反刺劍時，右臂、肘、腕皆先屈後伸，使劍由後向前刺出，力達劍尖。

（88）　　　　　　　　　　　（89）

【二十四、虛步點劍】
天馬行空

（92）

（91）

轉體舉劍

    上體左轉，左腳向起勢方向上步，腳尖外撇，同時右臂外旋，畫弧上舉劍尖指向體後，左劍指經體前落至腹前，手心向上，眼看起勢方向。

落指收腳

    左腳收至右腳內側（腳尖不點地），同時劍指落到右臂內側，眼看劍尖。

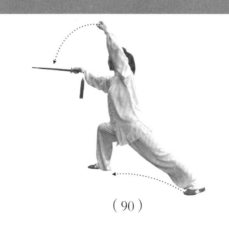

（90）

（90）

弓步回劈

重心前移，成右弓步，同時右手持劍向右前方劈下，左劍指向左向上繞至左額上方，手心斜向上，眼看劍尖。

> 劍要劈平，劍身與臂成一條線，力在劍刃中段，劈劍和弓步要協調一致同時完成。

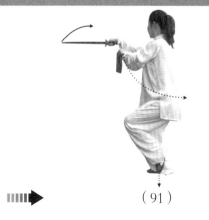

（91）

（92）

第四組 【二十五、獨立平托】
挑簾式

（95）

◄▐▊▊▊

插步繞劍

　　右腳經左腳向左插步，腳前掌著地同時右手旋腕使劍尖向右向上畫弧成立劍，劍身平胸，左劍指附於右腕部，眼看右前方。

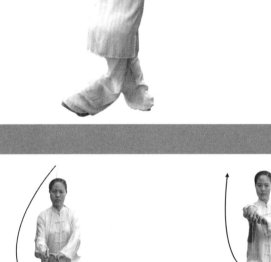

◄▐▊▊▊ （93）

（94）

（94）

（93）

虛步點劍

　　右腳上步落在左腳前腳尖點地，成右虛步同時右手持劍向前下方點出，提腕，力注劍尖，左劍指附於腕部，眼看劍尖。

前移舉劍

　　重心前移，左腳踏實右腳跟外展，同時右手持劍，前舉至面前右側，左劍指經左側向上繞行，在體前與右手相合，眼看前方。

　　虛步和點劍的方向與起勢方向相同，點劍時要活握劍把，腕部上提。

（95）

（98）

提膝托劍

　　左膝上提，成右獨立步同時右手持劍向上托架劍身稍高於頭，左劍指附於右臂內側，眼看前方。

（97）

碾腳轉體提劍

　　以兩腳掌為軸，向右轉同時右手持劍向右、向前繞提與肩平，劍尖斜向下，手心向外，左劍指附於右腕部，眼看劍身。

　　繞劍要與向左插步同時進行，上體保持正直，微向左轉。

（96）

（96）

下蹲繞劍

　　重心下沉，兩腿屈膝半蹲上體微向左轉，同時右手持劍向上、向左、向下畫弧至膝前左側，劍尖斜向左側，劍尖斜向左，眼看劍身。

（97）

（98）

【二十六、弓步掛劈】

左車輪劍

▐▐▐▐▐▶（99）　　　　　　　　　　（100）

轉體掛劍

　　左腳向前橫落，身體左轉，兩腿交叉成半盤坐勢，右腳跟著地，同時右手持劍經體左側劍尖向後勾掛左劍指附於右腕部，眼看劍尖。

上步旋臂舉劍

　　上體微右轉，重心移至左腿，右腳向前上步，腳跟落地同時右手持劍臂內旋上舉頭上方成立劍，左劍指收於腰間，手心向上，眼看後方。

（101）　　　　　　　　　　◀▐▐▐▐▐

（101）

弓步劈劍

　　重心前移，成右弓步同時右手持劍向前劈下，劍身要平，與肩同高，左劍指經左後方繞至左側上方，手心斜向上，眼看前方。

（100）

（99）

（102）

右腳後移收劍

右手持劍向上挑，左劍指附於腕部，眼看劍尖。

掛劍時轉體要充分，上體要正直、自然。

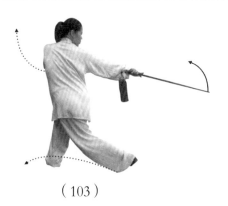

（103）

【二十七、虛步掄劈】

右車輪劍

（103）

轉體掄劍

上體繼續右轉，成叉步，同時右手持劍向後反掄，左劍指落於右肩前，手心向下，眼看劍尖。

（102）

（104）

上步舉劍

身體左轉，左腳向前一步腳尖外撇，同時右手持劍翻臂掄舉至頭側上方，左劍指落經腹前翻轉畫弧側舉，眼看前方。

（105）

虛步劈劍

右腳上步，腳尖著地成右虛步，同時右手持劍向前，下掄劈，劍尖與膝同高，左劍指落於右前臂內側，眼看下方。

（107）

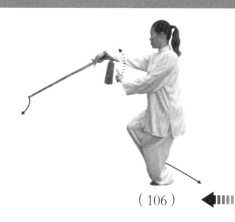

（106）

【二十八、撤步反擊】

大鵬展翅

（106）

提腳合劍

上體微右轉，右腳提起收至小腿內側，同時右臂外旋，手心斜向上，同左劍指起落向回收，眼看劍尖。

（107）

撤步擊劍

右腳向後方撤一步成左弓步，左劍指附於腕部，眼看劍尖。

右手掄劍上舉時，右臂不要伸直，劍把稍高於頭，不可觸及身體。

（105）

（104）

（108）

弓步擊劍

重心右移，上體右轉，左腳跟外展，左腿自然蹬直成右側弓步（橫襠步），同時右手向右後上方反擊，劍尖斜向上，高與頭平，左劍指向左下方分開，高與腰平，手心向下，眼看劍尖。

（110）

（109）

【二十九、進步平刺】

黃蜂入洞

（109）　　　　　　　　　（110）

弓步帶劍

身體微向左轉，重心左移右腳裡扣，同時右手持劍向左擺劍橫於體前，左手劍指在身體左側，手心向外，眼看劍尖。

提腳橫劍

身體再向右轉，左腳提起，收於小腿內側右手持劍向左擺，再翻掌向右領帶，將劍橫置於右胸前，劍尖向左，左劍指向上繞經面前落在右肩前，附於腕部，手心向下，眼看右前方。

反擊劍時，在向右轉體的帶動下將劍向右上方擊打，右臂、肘、腕先屈後伸，使力達劍前端，左劍指向左下方對移展開。

（108）

（111）

墊步收劍

　　身體左轉，左腳向前落步腳尖外撇，同時右手持劍向下捲裹收於腰側，左劍指隨之翻轉落於腹前，眼看前方。

（112）

上步收劍

　　右腳上步。

（113）

（113）

弓步平刺

成右弓步，同時右手持劍向前刺出，高與胸平，手心向上，左劍指向左向上繞至頭側上方，眼看劍尖。

（112）

（111）

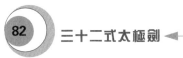
【三十、丁步回抽】

懷中抱月

▦▶ （114）

丁步回抽

右腳撤至左腳內側，腳尖點地成右丁步，同時右手持劍屈肘回收置於左腹旁手心向上，劍身側立，劍尖斜向上，與頭同高，左劍指落於劍柄上，眼看劍尖。

【三十一、旋轉平抹】

風掃梅花

（115）

擺步橫劍

右腳向前落步，腳尖外擺，上體稍右轉，同時右手翻掌向下，劍身橫置胸前，左劍指附於右腕部，眼看劍尖。

刺劍弓腿和劍指動作協調一致。

（117）

（116）

（116）

扣步抹劍

上體繼續右轉，左腳向右腳前扣步，兩腳尖相對成八字形，同時右手持劍隨轉體由左向右平抹，劍指附於右腕部，眼看劍身。

（117）

轉體抹劍

以左腳掌爲軸向右後轉身，右腳隨轉後撤一步，右手持劍繼續平抹，眼看劍刃。

（115）

（114）

【三十二、弓步直刺】

指南針

（118）

虛步分劍

　　重心後移成左虛步，右手持劍繼續平抹，兩手左右分開，置於胯旁，手心都向下，劍身斜置於身體右側，劍尖位於體前，身體轉到起勢方向，眼看前方。

（119）

提腳捲劍

　　上體微向右轉，左腳提起。

（121）

（120）

（120）

上步捲劍

　　左腳上步。

（121）

弓步直刺

　　重心前移落步成左弓步同時右手持劍收經腰間，立劍向前刺出，高與胸平，左劍指附於右腕部，眼看前方。

　　身體向右旋轉一周，轉身及抹劍要平穩連貫，速度均勻，上體保持正直。

（119）

（118）

【收 勢】

IIIII▶　　　（122）

後坐接劍

　　重心後移，上體右轉，同時右手持劍屈臂後引至右側，手心向內左劍指隨右手屈臂回收，並變掌附於劍柄，準備接劍，眼看劍柄。

（123）

接劍前舉

　　左手接劍，右手鬆開變劍指，左手持劍向前上方，同時左手持劍經體前收落於身體左側，右劍指向後向上經右耳側再向下落於身體右側，眼看前方。

（125）

（124）

（124）

上步收勢

　　身體左轉，重心前移，右腳向前跟步，與左腳平行成開立步，眼看前方。

（125）

併步還原

　　左腳向右腳併攏，還原成預備姿勢。

還原成預備式姿勢，稍平靜一下，然後再走動放鬆。

（123）

（122）

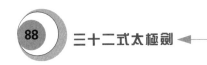
附一：劍的結構及各部名稱

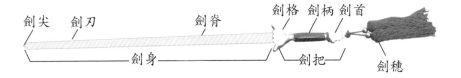

劍刃：劍身兩側鋒利的薄刃。

劍尖：劍身鋒銳的尖端。

劍脊：劍身長軸隆起的部分。

劍柄（劍莖）：劍把上貼手的部位。

劍格（護手）：劍柄與劍身相隔的突出處，多成∨形或∧形。

劍首（劍墩、劍鐔）：劍柄後端的突出部，多成凸形。

劍穗（劍袍）：附在劍首的絲織的穗子。

附二：劍術基本方法

（劍的持握法）

1.持 劍

　　兩腳併步站立，左臂內旋至手心向後握住劍柄，拇指扣住內側劍格，中指、無名指和小指扣住外側劍格，食指伸直壓住劍柄，使劍身貼靠小臂垂立於左臂後，右臂伸直貼靠右腿外側。

2.握劍

　　（1）滿把
　　手握劍柄，拇指屈壓於食指第二指節上，其餘四指併攏握緊劍柄，虎口貼靠劍格。

（2）螺把

手握劍柄，由小指、無名指、中指、食指依次微凸起呈螺形，拇指靠近於食指第三指節，食指第二指節貼靠劍格。

（3）鉗把

以拇指、食指和虎口的挾持之勁將劍柄嵌住，其餘三指自然附於劍柄。

（4）刁把

以虎口的挾持刁牢，拇指、食指和中指自然伸扣鬆貼劍柄，其餘兩指鬆離劍柄。

（5）壓把

　　由滿把握住劍柄，鬆開無名指和小指壓於劍柄後端上面，使劍身橫平。

【主要劍法】

（1）刺劍

　　以劍尖直取對方，臂由屈而伸，與劍成一直線，力達劍尖。劍刃向左右為平刺，劍刃向上下為立刺劍。

（2）點劍

　　立劍用劍尖向下點啄，力達劍刃前端。

（3）削劍

平劍自對側下方經胸前向同側前上方斜出，手心斜向上，劍尖略高於頭。

（4）劈劍

立劍由上而下用力，力點在劍刃，臂與劍成一直線。

（5）正撩劍

立劍由後向前上方撩出，力點在劍刃前部。

（6）反撩劍

前臂內旋，力達劍
身前部。

（7）崩劍

立劍用劍尖向上點
啄，力達劍刃前端。

（8）掛劍

劍尖後勾，立劍
由前向後上方或後下
方格開對方進攻，力
點在劍身平面。

（9）攔劍

立劍斜向前上方托架，力點在劍刃中、後部。

（10）雲劍

平劍在頭前上方或頭頂平圓繞環，用以撥開對方進攻，力在劍刃。

（11）截劍（下截劍）

斜身斜向下為截，力達劍身前部。

（12）帶劍

　　平劍由前向側後方抽回，力點在劍刃滑動。

（13）架劍

　　立劍向上托舉，高過頭部，力在劍刃。

（14）抱劍

　　平劍或立劍，兩手在體前相合捧抱。

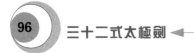

（15）斬劍

與掃劍相同，但揮擺幅度和力度較小。

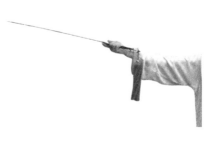

（16）穿劍

平劍或立劍，沿腰、臂或身體向不同方向穿出，臂由屈而伸，力點在劍尖。

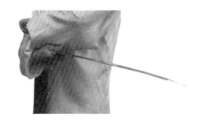

（17）提劍

立劍或平劍，屈腕提拉劍把，劍尖朝下。

（18）捧劍

平劍或立劍，
兩手在體前相合捧
抱。

（19）挑劍

立劍使劍尖由下
向上挑起，力點在劍
刃前端。

（20）推劍

立劍，扣腕向
前直出為推，力達
劍身。

（21）接劍
立劍回抽時左掌接握劍柄。

（22）剪腕花劍
以腕為軸，使劍在臂的內側或外側繞立圓。

（23）掃劍
平劍向左或向右揮擺，臂與劍身成一直線。

（24）劍指

中指與食指伸直併攏，其餘三指屈於手心，拇指壓在無名指第一指節上。

附三：太極劍的練習方向和進退路線圖

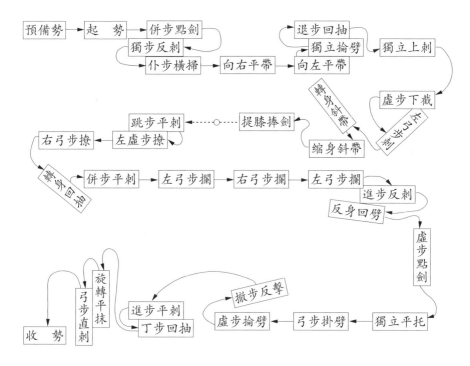

附四：規範的武禮

我國素稱禮儀之邦，有悠久的道德傳統。武林中一直流傳著「未曾學藝先識禮」、「學拳先習禮」的傳統。

言談話語要有素養，而且要言必行，行必果。待人處事熱情誠實，和藹可親。服飾要整潔得體，在表演競技、教學訓練、社會武術和國際武術交往等活動中，都要嚴格按照武德的行為規範進行操作，表現出個人自身風度以及容端體正的當武本色和習武者特有的「精、氣、神」，充分反映出習武者的良好素質。

中國武術協會，對於武術行禮的方式做了統一規定。武術行禮主要分徒手禮、持械禮、遞械禮、接械禮。

徒手禮又分為抱拳禮和注目禮兩種方式。

一、徒手禮

1. 抱拳禮

此禮法是由中國傳統「作揖禮」和少林拳的抱拳禮（四指禮），加以提練、規範、統一得來的，並賦與了新的涵義，這是在國內外一致被採用的具有代表性的禮法。

行禮的方法是：

　　併步站立，左手四指併攏伸直成拳，拇指屈攏，右手成拳，左掌心掩貼右掌面，左指尖與上骸平齊。右拳眼斜對胸窩，置於胸前屈臂成圓，肘尖略下垂，拳掌與胸相距 20～30 公分。頭正，身直，目視受禮者，面容舉止大方。

　　抱拳禮的具體涵義有三：

　　（1）左掌表示、德、智、體、美「四育」齊備，象徵高尚情操。屈指表示不自大，不驕傲，不以「老大」自居。右掌表示勇猛習武，左掌掩右拳相抱，表示「勇不滋亂」「武不犯禁」，以此來約束、節制自身的意思。

　　（2）左掌右拳攏屈，兩臂屈圓，表示五湖四海，天下武林是一家，謙虛團結，以武會友。

　　（3）左掌為文，右拳為武，文武兼學，虛心、渴望求知，恭候師友、前輩指教。

2.注目禮

　　併步站立，目視受禮者或向前平視，勿低頭彎腰。表示對受禮者的恭敬、尊重。若表示對行禮者答諾或聆聽指教受益時，可微點頭示意。

二、持、遞、接械禮貌

　　持械、遞械、接械因所持機械不同而略有不同，如持刀、棍、槍各有不同規定。這裡只介紹持劍、遞劍、接劍禮。

1.持劍禮

左手持劍，屈臂，使劍身貼前臂外側，斜橫於胸前，刃朝上下，右手拇指屈攏成斜側立掌，以掌根附於左腕內側，兩腕部與鎖骨窩同高，肘略低於手，兩臂外撐，目視受禮者。

2.遞劍禮

併步直立，左手托護手盤，右手托劍前身，使劍平橫於胸前，劍尖朝右，目視接劍者。

3.接劍禮

併步自然直立，左手掌心朝上，托劍於遞劍者兩手間，右手手心朝下握劍柄，目視右手接劍。

　　溫力，男，河北省蠡縣人，漢族，1943 年 11 月生。1967 年畢業於武漢體育學院，1981 年武漢體育學院研究生畢業留校任教。現任武漢體育學院武術系教授。1985 年獲教育學碩士學位，是中國第一批獲得碩士學位的武術專業工作者之一。自幼隨父母（中國著名的武術界前輩）溫敬銘、劉玉華兩位教授學習武術，有堅實的武術技術和理論基礎。多年來從事武術教學工作，對武術基礎理論有較深入的研究，多次擔任國內外重大比賽的武術裁判。

導引養生功 系列叢書

- ◎ 1. 疏筋壯骨功
- ◎ 2. 導引保健功
- ◎ 3. 頤身九段錦
- ◎ 4. 九九還童功
- ◎ 5. 舒心平血功
- ◎ 6. 益氣養肺功
- ◎ 7. 養生太極扇
- ◎ 8. 養生太極棒
- ◎ 9. 導引養生形體詩韻
- ◎ 10. 四十九式經絡動功

張廣德養生著作

每冊定價 350 元

全系列為彩色圖解附教學光碟

彩色圖解太極武術

1 太極功夫扇

定價220元

2 武當太極劍

定價220元

3 楊式太極劍56式

定價220元

4 楊式太極刀

定價220元

5 二十四式太極拳＋VCD
定價350元

6 三十二式太極劍＋VCD

定價350元

7 四十二式太極劍＋VCD

定價350元

8 四十二式太極拳＋VCD

定價350元

9 楊式十六式太極劍

定價350元

10 楊氏二十八式太極拳＋VCD

定價350元

11 楊式太極拳四十式＋VCD

定價350元

12 陳式太極拳五十六式＋VCD

定價350元

13 吳式太極拳五十六式＋VCD

定價350元

14 精簡陳式太極拳八式十六式

定價220元

15 精簡吳式太極拳三十六式 拳架・推手

定價220元

16 夕陽美功夫扇

定價220元

17 綜合四十八式太極拳＋VCD

定價350元

18 三十二式太極拳 四段

定價220元

19 楊式三十七式太極拳＋VCD

定價350元

20 楊氏五十一式太極劍＋VCD

定價350元

養生保健 古今養生保健法 強身健體增加身體免疫力

醫療養生氣功
定價250元

2 中國氣功圖譜

定價250元

3 少林醫療氣功精粹

定價250元

4 龍形實用氣功

定價220元

5 魚戲增視強身氣功

定價220元

7 道家玄牝氣功

定價200元

仙церем秘傳祛病功

定價160元

9 少林十大健身功

定價180元

10 中國自控氣功

定價250元

11 醫療防癌氣功

定價250元

12 醫療強身氣功

定價250元

13 醫療點穴氣功

定價250元

中國八卦如意功

定價180元

15 正宗馬禮堂養氣功

定價420元

16 秘傳道家筋經內丹功

定價300元

17 三元開慧功

定價250元

18 防癌治癌新氣功

定價180元

19 禪定與佛家氣功修煉

定價200元

顛倒之術

定價360元

21 簡明氣功辭典

定價360元

22 八卦三合功

定價230元

23 朱砂掌健身養生功

定價250元

24 抗老功

定價230元

25 意氣按穴排濁自療法

定價250元

健身祛病小功法

定價200元

28 張氏太極混元功

定價250元

29 中國璇密功

定價250元

30 中國少林禪密功

定價200元

31 郭林新氣功

定價400元

32 八卦之源與健身養生

定價280元

現代原始氣功

定價400元

34 養生開脈太極

定價300元

太極跤

1 太極防身術
定價300元

2 擒拿術
定價280元

3 中國式摔角
定價350元

簡化太極拳

1 陳式太極拳十三式
定價200元

2 楊式太極拳十三式
定價200元

3 吳式太極拳十三式
定價200元

4 武式太極拳十三式
定價200元

5 孫式太極拳十三式
定價200元

6 趙堡太極拳十三式
定價200元

原地太極拳

1 原地綜合太極二十四式
定價220元

2 原地活步太極四十二式
定價200元

3 原地簡化太極拳二十四式
定價200元

4 原地太極拳十二式
定價200元

5 原地青少年太極拳二十二式
定價220元

6 原地兒童太極拳十種十六式
定價180元

健康加油站

1
糖尿病預防與治療

定價200元

2
胃部機能與強健

定價180元

3
不孕症治療

定價200元

4
簡易醫學急救法

定價200元

5
肥胖健康診療

定價200元

6
肝功能健康診療

定價200元

7
高血壓健康診療

定價200元

8
高血糖值健康診療

定價200元

9
尿酸值健康診療

定價200元

10
膽固醇中性脂肪健康診療

定價200元

11
痛風劇痛消除法

定價180元

12
三溫暖健康法

定價180元

13
手・腳病理按摩

定價180元

14
B型肝炎預防與治療

定價180元

15
吃得更漂亮、健康

定價180元

16
茶使您更健康

定價180元

17
圖解常見疾病運動療法

定價180元

18
科學健身改變亞健康

定價180元

19
簡易萬病自療保健

定價220元

20
王朝秘藥媚酒

定價180元

運動精進叢書

1 怎樣跑得快
定價200元

2 怎樣投得遠
定價180元

3 怎樣跳得遠
定價180元

4 怎樣跳的高
定價180元

5 高爾夫揮桿原理
定價220元

6 網球技巧圖解
定價220元

7 排球技巧圖解
定價230元

8 沙灘排球技巧圖解
定價230元

9 撞球技巧圖解
定價230元

10 籃球技巧圖解
定價220元

11 足球技巧圖解
定價230元

12 羽毛球技巧圖解
定價220元

13 乒乓球技巧圖解
定價220元

14 曲線球與飛碟球
定價300元

15 街頭花式籃球
定價280元

16 精彩高爾夫
定價330元

17 巴西青少年足球訓練方法
定價230元

快樂健美站

柔力健身球
定價280元

2 自行車健康享瘦
自行車健康享瘦
定價280元

3 跑步鍛練走路減肥
走路減肥
定價280元

4 創造健康的肌力訓練
創造健康的肌力訓練
定價220元

5 舒適超級伸展體操
超級伸展體操
定價280元

6 水中有氧運動
水中有氧運動
定價280元

7 完美身材
定價280元

8 創造超級兒童
創造超級兒童
SUPER KIDS
定價280元

9 使頭腦變聰明
頭腦變聰明
SMART
定價280元

10 防止老化的身體改造訓練
防止老化的身體改造訓練
定價280元

11 三個月塑身計畫
3個月塑身計畫
定價280元

12 懶人族瑜伽
懶人族瑜伽
定價280元

14 忙裡偷閒練瑜伽祛病養生禪
瑜伽
定價240元

14 忙裡偷閒練瑜伽祛病養生禪
瑜伽
定價240元

15 健身跑激發身體的潛能
健身跑
定價200元

16 中華鐵球健身操
中華鐵球健身操
定價180元

17 彼拉提斯健身寶典
彼拉提斯健身寶典
pilates
定價280元

18 全身保健操＋VCD
全身保健操
定價280元

瑜伽美姿美容
定價180元

20 豐胸做自信女人
豐胸做自信女人
定價200元

21 輕鬆瑜伽治百病
easy yoga
輕鬆瑜伽治百病
定價280元

國家圖書館出版品預行編目資料

三十二式太極劍（附 VCD）／秦子來　編著
　　——初版，——臺北市，大展，2007〔民 96〕
　　面；21 公分，——（輕鬆學武術；4）
　　ISBN　978-957-468-566-0（平裝；附影音光碟）

1. 劍術
528.975　　　　　　　　　　　　　　96015118

三十二式太極劍（附 VCD）

編　　著／秦 子 來　　　　　ISBN　978-957-468-566-0

責任編輯／李 荷 君

發 行 人／蔡 森 明

出 版 者／大展出版社有限公司

社　　址／台北市北投區（石牌）致遠一路 2 段 12 巷 1 號

電　　話／（02）28236031・28236033・28233123

傳　　眞／（02）28272069

郵政劃撥／01669551

網　　址／www.dah-jaan.com.tw

E - mail／service@dah-jaan.com.tw

登 記 證／局版臺業字第 2171 號

承 印 者／傳興印刷有限公司

裝　　訂／建鑫裝訂有限公司

排 版 者／弘益電腦排版有限公司

授 權 者／湖北科學技術出版社

初版 1 刷／2007 年（民 96 年）10 月

定　　價／250 元